Koch- und Haushaltsanweisungen
von dem Maler Carl Spitzweg
für seine Nichte Line

Koch- und Haushaltsanweisungen

von dem Maler

Carl Spitzweg

für seine Nichte Line

Neu herausgegeben

von Jens Christian Jensen

E. A. Seemann

Bibliografische Information
Der Deutschen Nationalbibliothek
Die Deutsche Nationalbibliothek verzeichnet diese Publikation in der Deutschen Nationalbibliografie; detaillierte bibliografische Daten sind im Internet über http://dnb.d-nb.de abrufbar.

ISBN: 978-3-86502-185-4

www.seemann-verlag.de
www.seemann-henschel.de

Gedruckt auf alterungsbeständigem Papier mit chlorfrei gebleichtem Zellstoff.

Umschlaggestaltung:
Lambert und Lambert, Düsseldorf
Layout und Satz:
Weppert GmbH & Co. KG, Schweinfurt
Druck und buchbinderische Verarbeitung:
Messedruck Leipzig GmbH

Printed in Germany

INHALT

I.

REZEPTE UND ANWEISUNGEN, KOMMENTARE UND WORTBEDEUTUNGEN

1.

(feine französische Küche).

—

Hypocras.

Hyprocras sanspareil a la Duchesse Morceaufriand-Licheuse.

—

Man gibt in einen Krug 2 Pinten feinen Bourgogner Wein (Chambertin), anderthalb Pund Zucker, etwas Zitronenschale, 1 Gewürznelke, etwas Zimmt, ein Duzend süsse grobgestossene Mandeln, 6 Muskatblüthen und $^{1}/_{2}$ Pd frische Pomeranzenblüthen, verstopft den Krug recht gut und lässt ihn 24 Stunden stehen, als dann passiert man den Gewürzwein durch den Filtrirsack (chausse) und giesst ihn in Flaschen.

(feinen französischen Küche od.).

Hypocras.

Hypocras sanspareil à la Duchesse Morceaufriand-Licheuse.

Man gibt in einen Krug 2 Pinten feinen Bourgogner Wein (Chambertin), anderthalb Pfund Zucker, etwas Zitronenschale, 1 Gewürznelke, etwas Zimt, ein Dutzend süße grobgestoßene Mandeln, 6 Muskatblüthen und ½ Lt frische Pomeranzenblüthen, verstopft den Krug recht gut und läßt ihn 24 Stunden stehen, alsdann passirt man den Gewürzwein durch den Filtrier-Sack (chausse) und gießt ihn in Flaschen.

Die „feine französische Küche", in der der unvergleichliche Gewürzwein
nach Art der Herzogin von Leckerbissen-Trinkerin hergestellt wird,
ist durch die aus zwei Zeitungsausschnitten bestehende Collage illustriert:
Der Weinkoster hat ein rosafarbenes Affengesicht,
das Gesicht des Zureichers ist ebenfalls rötlich angelaufen,–
die Wirkungen des Gewürzweins zeigen sich.
Großer Kennerschaft um das Gebräu lecker zu finden,
bedarf es offenbar nicht, –
wenn ein Affe Koster und Kellermeister in einer Person ist.

Hypocras = Gewürzwein
Morceaufriand = Leckerbissen
Licheuse = Trinkerin
Pinte = englisches Maß (0,57 l)
Chambertin = berühmter Weinberg der Cote d'Or in Oberburgund bei dem Ort Gevrey-Chambertin,
der einem ausgezeichneten Rotwein den Namen gibt
chausse = Filtrierbeutel

2.

Bischof.

(Episcopus in partibus fidelium)

Ein ausgezeichnetes Getränk. Auf jede Flasche Roth-Wein (guter Burgunder) 8-12 Loth rohen oder gekochten Zucker. Dann röstet man kleine grüne oder gelbe Pomeranzen, nachdem man sie etwas eingekerbt hat, über Kohlenglut und thut sie noch heiß in den Wein.

Bischof.

(Episcopus in partibus fidelium)

Ein ausgezeichnetes Getränk. Auf jede Flasch. Roth-Wein (guten Burgunder) 8–12 Loth rohen oder gestoßenen Zucker. Dann röstet man kleine grüne oder gelbe Pomeranzen, nachdem man sie etwas eingekerbt hat, über Kohlenglut und thut sie noch heiß in den Wein.

Der „Bischof der fröhlichen Sprengel" betrachtet hocherfreut den Kelch,
in dem der Gewürzwein verheißungsvoll rot leuchtet
und widerscheint auf dem Gesicht des Geistlichen.
Spitzweg verweist mit der Benennung hintersinnig
auf den „Episcopus in partibus infidelium",
auf einen in die Länder der Ungläubigen vom Heiligen Stuhl entsandten Bischof.
Die ursprünglich abwehrende Gebärde des Bischofs,
der im Hintergrund den Teufel mit dem Mädchen entdeckt,
hat Spitzweg in eine Geste des Entzückens verwandelt
in dem er den Vorhangausschnitt schwärzte und den Kelch einklebte:
So nah liegen gegensätzliche Empfindungen beieinander!

Episcopus in partibus fidelium = Bischof der fröhlichen Gebiete
Loth = noch im 19. Jahrhundert übliches Gewicht (=1/32 Pfund)
Pomeranze = bittere Citrusfrucht mit stark duftender grüner Schale, die gerieben Speisen zugesetzt wird; heute Limone genannt

3.

Die Darstellung in Art einer Vignette zeigt eine Mutter oder Amme, die dem Säugling mit einem Löffel Suppe einflößt, wobei einiges danebenkleckert. – Das Bildchen sei an den Anfang der Suppenrezepte gesetzt.

4.

WURZELSUPPE.

Creçy.

Man bereitet sie von Mohrrüben u. weissen Rüben zu gleichen Theilen und Porree. Bei dem Dünsten des Wurzelwerk ist das Hinzufügen von einem Stücke mageren ~~Speckes~~ Schinkens von Erfolg. Die Crecysuppe hat nebst dem glattseimigen Wesen ein rothbräunliches Äussere und einen lieblich=kräftigen Geschmack, welcher durch Enten u. Gänsebrühe, überhaupt die Brühe von zahmen u. wildem Geflügel noch mehr gehoben wird, auch kocht man öfters Reis in der Suppe.

Wurzelsuppe.

Crecy.

Man bereitet sie von Mohrrüben u. weissen Rüben zu gleichen Theilen und Porree. bei dem Dünsten des Wurzelwerk ist das Hinzufügen von einem Stücke magerem ~~[illegible]~~ Schinken von Erfolg. Die Crecy Suppe hat nebst dem glattsämigen Wesen ein rothbräunliches Äussere und einen lieblich=kräftigen Geschmack, welcher durch Enten u. Hühnerbrühe, überhaupt der Brühe von zahmem u. wildem Geflügel noch mehr gehoben wird; auch kocht man öfters Reis in der Suppe.

In den sturmgepeitschen Wogen treibt im Mondlicht schwarzes Wurzelwerk, das eine Frau mit Kind verbirgt, die sich an einem Balken festklammert. Durch Überklebungen und Zufügung von Gezweig entsteht der Eindruck, als triebe eine Riesenwurzel im Wasser. – Das Rezept liest sich angesichts dieser dramatischen düsteren Szene wie ein absurder Kommentar, der surrealistische Techniken vorwegnimmt.

Çrecy = eine Mohrrübenart, benannt nach dem Ort Crécy-en-Pothieu an der Somme/Frankreich

5.

Olla potrida.

„Eine Ollia zu machen, wie man es
in Welschland und Spanien macht."

—

Man nimmt nur ein Stück Rindlfeisch, ein Stück Hammelfleisch, ein Stück Kalbfleisch, ein Stück Schunken oder ein schweinernes Ribbenstück, und eine Cervelatwurst, dieses alles setzt man zu wie man eine Bouillion macht: wenn dieß alles lind ist so nimmt man das Fleisch heraus thut in die Bouillon einen gestossen Speck mit

Olla potrida.

„Eine Ollia zu machen, wie man es
„in Welschland und Spanien macht."

„Man nimt nur ein Stück Rindfleisch, ein Stück
„Hammelfleisch, ein Stück Kalbfleisch, ein Stück
„Schunken oder ein schweinenes Ribbenstück,
„und eine Cervelatwurst, dieses alles setzt man zu
„wie man eine Bouillon macht: wenn dieß alles
„lind ist so nimt man das fleisch heraus thut in
„die Bouillon einen gestossenen Speck mit

Basilikum hinein, ein Stücklein grünen Kreuzersenkörß[?], und läßt es nochmal sieden, als dann wird diese Bouillon in ein anderes gefäß gesiht[?], dann nimt man von etlichen Gemüßen, als wie Würsing oder Köhl, weiß Kraut, Cardi weiße Ruben, Kestanen[?], Zellerie, grünen Zwiebel, Kohlrabi, thue dieses sauber putzen und waschen, thue alles ein wenig blanchiren im Wasser, und drucke es sauber aus, wan die Bouillon siedet, so wirf es ober wol-[?]trocs[?] hinein, es müssen auch gewisse Erbsen die man hier zu Lande nicht hat hineinkommen, sie heißen auf Welsch u. Spanisch Ciceri, welche vorher a parte müßen gesotten werden, man nimt auch wenig grünen Safran dazu, und salzet, wie es sich gehört, aber man muß Obacht haben, daß das Gemüß nicht gar zu lind, aber doch wohl gekocht wird, hernach[?] wird das Gemüß oder Zuspeiß mit samt dem Fleisch angericht, aber kein Rindfleisch und kein Kalbfleisch. dieses ist die rechte Olla, wie es die Spanier u. die Welschen alle Tage essen."

(aus ~~Herrn~~ Mr. Jean Neubauer, „allerneuestes Kochbuch", München 1774 im Verlag bei Joh. Gg. Fritz.)

Basilikum hinein, ein Stücklein ganzen Parmesankäß, und läßt es nochmal sieden, als denn wird diese Bouillon in ein anderes Gefäß passirt, dann nimmt man von etlichen Gemüßen, als wie Wüsing oder Kölch, weiß Kraut, Cordi weisse Rüben, Pastenad, Zelleri, ganzen Zwiebel, Kohlrabi, thue dieses sauber putzen und waschen, thue alles ein wenig blanchiren im Wasser, und drücke es sauber aus, wenn die Bouillon siedet, so wirf es ohne weiteres hinein, es müssen auch gewisse Erbsen, die man hier zu Lande nicht hat hineinkommen, sie heissen auf Welsch u. Spanisch Cicerri, welche vorher a parte müßen gesotten werden, man nimmt auch wenig ganzen Safran dazu, und salzet, wie es sich gehört, aber man muß Obacht haben, daß das Gemüß nicht gar zu lind, aber doch wohl gekocht wird, hernach wird das Gemüß oder Zuspeiß mit sammt dem Fleisch angericht, aber kein Rindfleisch und kein Kalbfleisch. Dieses ist die rechte Ollia, wie es die Spanier u. die Welschen alle Tage essen.

(aus ~~Herrn~~ Mr. Jean Neubauer „allerneuestes Kochbuch", München 1774 im Verlag bei Joh. Nep. Fritz.)

Aus einer Holzstichabbildung hat der Künstler die Form einer Terrine ausgeschnitten. Im Zentrum stehen vor dem Tisch mit Speisen zwei dunkle Schönheiten, die auf Putten mit weitausholenden Gesten weisen als wollten sie sagen: Alles kann für die Olla potrida verwendet werden, nicht nur das im Rezept Angegebene, sondern olla, eben alles. Darauf verweisen auch die Trinkgefäße, dazu das in der Doppelwolke fliegende Getier, das zum Teil schon bratfertig zugerichtet ist. Die Parklandschaft ist von Elfen und geflügelten Eroten märchenhaft belebt. Stimuliert die Olla potrida auch erotische Gefühle?

---

olla potrida = ein spanisches Nationalgericht, das aus einem Gemisch von verschiedenen Fleisch- und Gemüsesorten je nach Geschmack und vorhandenen Zutaten zubereitet wird.

Welschland = Italien

lind = gar

Wüsing = Wirsingkohl

Kölch= eine Kohlsorte

Cordi = Cordilyne, Gattung der Liliazeen, eßbare Wurzel (z.B. Tiwurzel)

Pastenad = Pastinake, weisse, fleischige, den Möhren ähnliche aber schärfer riechende und stark aromatisch schmeckende Wurzel

Zellerie = Sellerie

Ciceri/Cicer = Kichererbsen

a parte = getrennt

6.

„Schüh oder braune Kraftbrühe".

—

Die Franzosen schreiben „jus" sprechen aber auch wie wir: „Schüh"!

—

(Wiener = Kochbuch Seite 5. ff.)

—

„Schuh oder braune Kraftbrühe."

Die Franzosen schreiben „jus" sprechen aber auch wie wir: „Schuh"!

(Wiener=Kochbuch Seite 5. ff.

Die Collage zeigt vier Schuhe, also „Schüh"; und weil die Umlautstriche fehlen, hat sie Spitzweg gesondert ausgeschnitten und unübersehbar über jeden Schuhausschnitt geklebt.

---

jus = Saft, Brühe

7.

Künstliche

Schildkröten-Suppe

Potage en tortue

Man legt Fleisch von der Schulter oder Keule eines Hammels, auch Abschnitzeln von dem Vordertheile desselben nebst Überresten von Fischen, weissem Kalbfleisch Petersilie, Basilicum, und andere Gewürze in einen Fleischtopf, und lässt durch den Sud das Fleisch vom Knochen ablösen. Ist die Suppe durch eine Serviette passirt u. mit Eiweiß geläutert worden so lasse man sie kochen und auch langsam einkochen; nun gibt man Maderawein und die Hälfte eines am Abend vorher abgebrühten, ausgebeinten (désosser) im Blankett gekochten u. in kleine Stücke zerschnittenen Kalbskopf dazu. In dem Augenblick, wo wo die Suppe aufgetragen wird, gibt man Cayennischen Pfeffer, in Stücke geschnittenes Kalbfleisch u. frische harte Eier hinzu.

(„Der wahre Pariser Koch" von St. Martin)

Künstliche Schildkröten – Suppe

Potage en tortue

Man legt Fleisch von der Schulter oder Keule eines
Hammels, auch Abschnitzeln von dem Vordertheile desselben
nebst Überresten von Fischen, weißem Kalbfleisch
Petersilien, Basilicum, und andern Gewürzen in einen
Fleischtopf, und läßt durch das Sud das Fleisch vom
Knochen ablösen. Ist die Suppe durch eine Serviette gepreßt
u. mit Eiweiß geläutert worden so läßt man sie kochen und
auf langsamem einkochen; nun gibt man Madeirawein und
die Hälfte eines am Abend vorher abgebrühten, ausgebeinten
(désosser) in Blankett gekochten u. in kleine Stücke ge-
schnittenen Kalbskopf dazu. In dem Augenblick, wo

wo die Suppe aufgetragen wird, gibt man
Cayennischen Pfeffer, in Stücke geschnittenes
Kalbfleisch u. frische Butter hier hiezu.

(„der wahre Pariser Koch" von
St. Martin)

Die Darstellung, aus verschiedenen Vorlagen zusammengesetzt, illustriert die Zutaten: Hammel, Fische und ein Kalbskopf mit Fischschwanz sind um das Buschgrün versammelt, – alles strebt zur Suppe. Eine Schildkröte indes erscheint nicht, das wäre falsch.

---

potage en tortue = Schildkrötensuppe

désosser = Fleisch von den Knochen lösend

Blankett (Blanquette) = leichter Weißwein aus dem Languedoc, in welchem Ragout von Kalbfleisch und Geflügel gekocht wird

8.

Kalteschale.

Paderbörnische Kalteschale.

Man nimmt Zucker worauf das Gelbe einer Zitrone abgerieben nebst Zimmt, aufgekochten Korinthen, den Saft einer Zitrone. Dann nimmt man halb Bier und halb süsse Milch, rührt beides nebst etwas Rahm gut durcheinander und schüttet es über das geriebene Weißbrod und Gewürz.

—

Herrliches Mittel bei verstauchtem Magen!

Kaltschale.

Kreckerbeerische Kaltschale.

Man nimt Zucker worauf das Gelbe einer Zitrone abgerieben nebst Zimmt, aufgekochten Korinthen, den Saft einer Zitrone. dann nimt man halb Wein und halb süsse Milch, rührt beides nebst etwas Kirschen gut durcheinander und schüttet es über das geriebene Weißbrod und Gewürz.

Herrliches Mittel bei verdorbenem Magen!

Ein Wort-Bild: Die prunkvolle Schale schwebt vor dem Gletscher,
der sich in das Gefäß zu ergießen scheint.
Die violette Kolorierung läßt an eisiges Farblicht denken.
Kälter könnten die Schale und ihr Inhalt nicht sein.

9.

„Einbrennet´s“

auch Mehlschwitze, braune u. weisse; Braunmehl etc. genannt.

—

Diese Ausdrücke haben insofern einerlei Bedeutung als das Mehl in der Butter weiß gelb oder braun geröstet wird. Man lässt die nöthige Quantität Butter welche die mit Mehlschwitze zu verbindende Speise bestimmt, schmelzen, thut soviel Mehl dazu als die Butter aufnehmen kann aber auch noch etwas flüssig bleibt lässt es auf dem Feuer kraus rösten, so daß es noch weiß bleibt, so ergibt sich die weisse Mehlschwitze (Weißmehl) setzt man nun das Rösten fort sohat man die gelbe, u. bei weiterer Fortsetzung die braune Mehlschwitze. Unter beständigem Rühren mit besonderer Vorsicht, daß es nicht branstig wird, wie etwa oben im Bilde!

„Einbrennets"

auch Mehlschwitze, braune u. weiße; hochdeutsch so genannt.

diese Ausdrücke haben insofern einerlei Bedeutung als das Mehl in der Butter weiß, gelb oder braun geröstet wird. Man läßt die nöthige Quantität Butter welche die mit Mehlschwitze zu verbindende Speise bedient, schmelzen, thut soviel Mehl dazu als die Butter aufnehmen kann aber auch noch etwas flüssig bleibt läßt es auf dem Feuer heraus rösten, so daß es noch weiß bleibt, so ergibt sich die weiße Mehlschwitze (Weißmehl) setzt man nun das Rösten fort so hat man die gelbe, u. bei weiterer Fortsetzung die braune Mehlschwitze. Unter beständigem Rühren mit besonderer Vorsicht, daß es nicht brandig wird, wie aber oben im Bilde!

Das Bild zeigt einen bärtigen Mann, der mit einiger Anstrengung
die Frackschöße eines rechts neben ihm stehenden,
mit gekreuzten Armen erwartungsvoll geradeaus blickenden Herrn bügelt.
Aber der Meister des Eisens tut des Guten zu viel,
denn „einbrennets": das Bügeleisen ist zu heiß,
Rauch steigt auf, es glimmt sogar rot hervor.
Ein ebenfalls im Profil dargestellter Herr links schaut
wie unbeteiligt zu und deutet auf das Malheur.

Spitzweg hat den Holzstich aus der Nr. 99 der „Fliegenden Blätter"
des Jahres 1847, S. 23 ausgeschnitten.
Es handelt sich um eine über viele Nummern verteilte Geschichte
mit den Hauptfiguren Baron Beisele und Dr. Eisele,
letzterer ist der Frackträger.
Die Illustrationen könnten von Caspar Braun selbst
gezeichnet worden sein.

---

branstig = angebrannt

10.

Dem Herrrn Doctor Trautner
seine Leib=Speise.

Nimm 3 Pd Mehl und mach einen Teig an, so wie man ihn zur geschnittenen Nudelsuppe macht u. schneide ihn auch so. Dann laß die geschnittenen Nudeln 36 Stunden lang un=bedeckt stehen. Dann nimm halb Milch und halb Wasser und laß sie damit ein paar Mal aufwallen. Dann richt sie an.

Dem Herrn Doctor Trautner
seine Leib-Speise.

Nimm 3 ℔ Mehl und mach einen Teig an, so wie man ihn zur geschnittenen Nudelsuppe macht u. schneide ihn auch so. Dann laß die geschnittenen Nudeln 36 Stunden lang unbedeckt stehen. Dann nimm halb Milch und halb Wasser und laß sie damit ein paar Mal aufwallen. Dann richt sie an.

Ein Gnom hält sich lachend den Bauch,
so gut schmeckt Doktor Trautners Leib-Speise! *

---

*Bei Wichmann 1962 die Bemerkung:
„Gericht des Hausartzes, der immer bei guter Laune gehalten werden musste."

11.

Einlauf-Suppe.

Auf einen starken Kochlöffel voll Mehl wird 1 Ei gerechnet. Das Mehl wird mit den Eiern je eines nach dem andern gut anhaltend gerührt, daß es glatten und flüssigen Teig gibt; so träufelt man ihn mit dem Koch-Löffel in eine weisse oder braune gesalzene Suppe unter fortwährendem Sude ein, und läßt es gut verkochen. Man nehme sich vor dem Dickwerden in Acht!

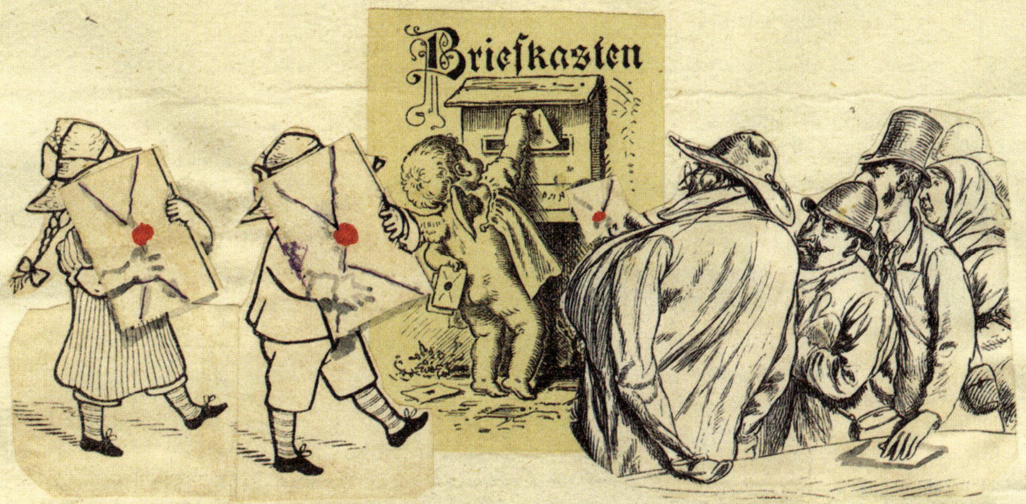

Einlauf-Suppe.

Auf einen starken Kochlöffel voll Mehl wird 1 Ei genommen. Das Mehl wird mit den Eiern so eins nach dem andern gut anhaltend gerührt, daß es glatten und flüssigen Teig gibt; so träufelt man ihn mit dem Koch-löffel in eine weiße oder braune gesalzene Suppe unter fortwährendem Rühren ein, und läßt es gut verkochen. Man nehme sich vor dem Dickwerden in Acht!

So sorgfältig wie der Putto den Brief in den Briefkasten steckt
und Bub und Mädchen hintereinander mit ihren großen Briefen
zum Postkasten marschieren, so einfühlsam
soll man den Teig Löffel für Löffel in die Suppe träufeln.
Die z.T. korpulenten Herren und die Frau sind zu spät „eingelaufen"
und müssen warten.

---

unter fortwährendem Sude= während die Suppe siedet

12.

Gries=Knödl

„Mehlspeise à la Munic" Jungius.

S. 171.

—

In die gewöhnliche Masse der Knödl kommt noch etwas gekochtes u. gehacktes Hühnerfleisch, mehr Käse, mehr Eier u. zwar diese in Dottern u. das Weisse als Schnee. Man backt die Masse auf einem bestrichenen flachen Geschirr, sticht sie mit einem Ausstecher in runden Stücken aus oder schneidet sie beliebig, um die vielen Abfälle zu vermeiden. Wenn die gekochten Griesknödl in die Suppe gethan werden, so gibt man diese besonders dazu.

Gries-Knödl

„Mehlspeise à la Munic“ Jungius.

V/71.

Zu der gewöhnlichen Masse d. Knödl kommt noch etwas gekochtes u. gehacktes Hühnerfleisch, mehr Käse, mehr Eier u. zwar diese in Dottern u. das Weisse als Schnee. Man backt die Masse auf einem bestrichenen flachen Geschirr, sticht sie mit einem Ausstecher in runden Stücken aus oder schneidet sie beliebig, um die vielen Abfälle zu vermeiden. Wenn die gekochten Griesknödl in die Suppe gethan werden, so gibt man diese besonders dazu.

Fröhlich, beziehungsweise bedenklich schauen die Knödelgesichter
aus der historistischen Suppenterrine hervor.
Lauch, Sellerie und Möhren, dazu eine majestätische Suppenkelle
schmücken den Untersatz.
Wie eine Gloriole hinterfängt und überwölbt
der dunkle Rundbogen einer Auflegeplatte
das Gefäß auf dem Tischtuch.

---

a la Munic = auf Münchner Art

13.

Des oeufs pochés. Einge=
schlagene Eier

—

Man schlage die Eier in kochendes mit etwas
Essig u. Salz vermischtes Wasser dergestalt
daß man sie dicht darüber hält, lasse sie
etwa eine und eine halbe Minute kochen
oder so lange bis sich das Weisse um das Gelb
geschlossen hat, thue sie sogleich in kaltes Wasser
und putze sie hübsch glatt ab.

—

NB In manchen Gegenden werden sie mit
Unrecht „verlorene Eier" genannt. In
diesem Falle wären sie ja aber nicht
mehr da!

Des oeufs pochés. Eingeschlagene Eier

Man schlage die Eier in kochendes mit etwas Essig u. Salz vermischtes Wasser dergestalt, daß man sie dicht darüber hält, lasse sie etwa ein und ein halbe Minute kochen oder so lange bis sich das Weiße um das Gelbe geschlossen hat, thue sie sogleich in kaltes Wasser und putze sie hübsch glatt ab.

NB In manchen Gegenden werden sie mit Recht „verlorene Eier" genannt. In diesem Falle waren sie ja aber nicht mehr da!

Spitzweg nimmt die Rezeptbenennungen „Eingeschlagene Eier" wörtlich.
Die Eier im „Nest", ein Bouquet aus Blumen, Federn und Blättern,
sind kaputt. Sie sind eingeschlagen.
Eigelb, hier gelbe Farbe, rinnt über den Nestrand
in die Rezeptüberschrift.

14.

Suhr=Fleisch.

Man nimmt einen getheilten Kalbsschlegel salzt denselben ungewaschen und reibt ihn mit etwas Salpeter Salz u. Wacholderbeeren ein.

Man legt den Schlegel in ein irdenes oder hölzernes sehr reines Gefäß darunter etwas Knoblauch, auf den Schlegel ein Brett und schwere Steine. So bleibt es 8 Tage, dann nimmt man Salz Salpeter u. frische Wacholderbeeren und frisches Wasser u. gib es an das Fleisch, das Wasser muß darüber ausgehen, so bleibt es 3-4 Wochen, die Suhr muß immer höher sein als der Schlegel, dann siedet man es und es wird kalt gegessen.

Suhr = fleisch.

Man nimt einen gutheilten Kalbsschlegel salzt denselben ungewaschen und reibt ihn mit etwas Salpeter Salz u. Wachholderbeeren ein.

Man legt den Schlegel in ein irdenes oder hölzernes sehr reines Gefäß darunter etwas Knoblauch, auf den Schlegel ein Brett und schweren Steine. So bleibt es 8 Tage, dann nimt man Salz Salpeter u. frische Wachholderbeeren und frisches Wasser u. gibt es an das fleisch, das Wasser muß darüber ausgehen, so bleibt es 3—4 Wochen, die Suhr muß immer höher sein als der Schlegel, dann siedet man es und es wird kalt gegessen.

Nach Art eines kindlichen Bilderrätsels
ist die Uhr zwischen „S" und „Fleisch" abgebildet,
also S-Uhr-Fleisch.

Suhr-Fleisch = Sauerfleisch

15.

Tête de veau en tortue à la maître d'hôtel.

Man nimmt die Überreste eines am Abend vorher gekochten Kalbskopfes und ordnet sie auf die Schüssel. Nun läßt man Champignons, Kämme, Nieren von Hühnern und Hahnen und Kalbsdrüsen in Butter anlaufen, gibt etwas Mehl hinzu, benetzt es mit dem Sud, worin der gefüllte Kopf gekocht hatte oder mit Suppe und 2 Gläser voll Madeira=Wein; auch fügt man Salz u. Pfeffer hinzu, läßt dieß einkochen, gibt quenelles von Kalbfleisch, eingemachte Gurken, harte Eidotter u. das in Stücke geschnittene Eiweis dazu. Ist die Sauçe eingekocht u. gebunden, gießt man sie auf die Stücke vom Kopf, die Schüssel muß recht heiß gehalten werden.

Le maître d'hôtel.

Tête de veau en tortue à la maître d'hôtel.

Man nimmt die Überreste von am Abend vorher gekochten Kalbskopfe und ordnet sie auf die Schüssel. Nun läßt man Champignons, Kämme, Nieren von Hähnen und Hühnern und Kalbsdrüsen in Butter anlaufen, gibt etwas Mehl hinzu, verdünnt es mit dem Sud, worin der gefüllte Kopf gekocht hatte oder mit Suppe und 2 Gläser voll Madeira-Wein, auch fügt man Salz u. Pfeffer hinzu, läßt dies einkochen, gibt Quenellen von Kalbfleisch, eingemachte Gurken, harte Eidotter u. das in Stücke geschnittene Hirn dazu. Ist die Sauce eingekocht u. gebunden, gießt man sie auf die Stücke vom Kopf, die Schüssel muß recht heiß gehalten werden.

Der fröhliche, stark angeheiterte (rote Nase!) Wirt lädt mit erhobenem aufgedeckeltem Seidel dazu ein, ihn in seinem Biergenuss zu folgen.
Der Bezug zum Rezept ist allgemein,
offenbar wird zu diesem Gericht Bier getrunken.

Tête de veau en tortue = Kalbskopf nach Schildkrötenart
maître d'hôtel = Wirt
quenelles = Klößchen

16.

„Rohs = Bif“

(bayerisch)

anderwärts heißt man's auch zuweilen rost boeuf.

Zu dem Roßbif nimmt man das Stück vom Ochsen, wo das Filet (Lendenstück) am Bein den Anfang nimmt bis zur Niere; das Filet muß nebst dem Fett daranbleiben. Man bratet ihn am Spieß, nachdem er groß ist in 2-3 Stunden gar: sonst bratet man ihn im Ofen bei etwas großer Hitze in einem Bleche mit Butter u. ein paar Zwiebeln. Beim Anrichten gibt man etwas kurz eingekochte Jus zur Sauçe

„Ross = Bif“

(begriffs)

anderwärts heißt man's auch zuweilen rost boeuf.

Zu dem Rostbeef nimt man das Stück vom Ochsen, wo das filet (Lendenstück) am Beine den Anfang nimt bis zur Niren; das filet muß nebst dem fett daranbleiben. Man bratet ihn am Spieß, nachdem er gross ist in 2–3 Stunden gahr; sonst bratet man ihn im Ofen bei etwas großer Hitze in einem Blech mit Butter u. ein paar Zwiebeln. beim Anrichten gibt man etwas kurz eingekochte Jus zur Sauce

Das aus Pferd und Kuh zusammengesetzte Zwittertier
illustriert das Wort Roß-beaf, oder – französisch: Rostboef,
bayrisch: Rohs-Bif. Wie auch immer man es nennt,
das zubereitete Stück Rindfleisch schmeckt köstlicher
als ein Gänsebraten.

Jus = Brühe

17.

Roth-Wild.

Rotwild ist eine Gesamtbezeichnung für Edel- und Rehwild,
die Hasen gehören nicht dazu. Die beiden bewaffneten Freischärler
mit der roten Fahne könnten auf Grund ihrer Tracht
zur Befreiungsarmee Garibaldis gehören, wie Wichmann 1962 vermutet hat.
Garibaldi vereinigte 1860 durch den „Zug der Tausend" Sizilien
und das Königreich Neapel mit dem neuerstandenen Staat Italien.
1870 kam Garibaldi der neuen französischen Republik
mit einem Freikorps zu Hilfe und war für kurze Zeit Mitglied
der französischen Nationalversamlung.
Er war die Zentralfigur der italienischen Einheitsbestrebungen,
des Risorgimento. – Dem Aufstand der Kommune nach der Kapitulation von Paris
(28. Januar 1871) flatterte die rote Fahne voran.
Spitzweg assoziiert mit „Roth-Wild" hier also die „wilden Roten".

Roth-Wild.

18.

„Gestürzter Has“.

(S. Joseph Willet „Vollkommenes Kochbuch“
Karlsruhe 1846, S. 104 No 358.)

Der Has wird gereinigt, dann nimmt man Leber, Lunge und Herz
heraus u. haut den Kopf ab; dann löst man den Rückgrat
behutsam von den Nieren bis an die Keulen aus, nimmt die Haut
von den Keilen u. den Rücken Filets, legt den Hasen auf den
Rücken u. zieht die Haut zurück zwischen die Keulen,
dressiert diese dann mit dem Spies auf, wie ein Huhn;
schneidet den Schweif in der Hälfte, u. die Läufe über dem
2ten Gelenk ab; inwendig in die Brust füllt man eine Farce
von Wildpret u. näht sie zu, dann dressiert man die Beine
mit einer Dressier Nadel zurück, spickt dann die Brustkeule
und Blätter über u. über, sodaß der Hals
ungefähr die Gestalt eines dressirten ~~Huhns~~
Huhns erhält, setze ihn in eine starke braise
u. wenn er angerichtet wird, gebe eine
Trüffelsauçe darunter.

Lampe

„Gestürzter Has'."

(S. Joseph Willet „Vollkommenes Kochbuch"
Karlsruhe 1846 S. 104 No 358.)

der Has wird gereinigt, dann nimt man Leber, Lunge u. Herz heraus u. haut den Kopf ab; dann löst man das Rückgrat behutsam von den Nieren bis an die Keulen aus, nimt die Haut von den Keilen u. den Rücken filets, legt den Hasen auf den Rücken u. zieht die Haut zurück zwischen die Keulen, dressirt diese dann mit dem Spies auf, wie ein Hase; schneidet den Schweif an der Hälfte, u. die Läufe über dem 2ten Gelenk ab; inwendig in die Brust füllt man eine farce von Wildpret u. näht sie zu, dann dressirt man die Beine mit einer Dressir Nadel zurück, spickt dann die Brustkeule

und Blätter über u. über, sodaß der Hals
ungefähr die Gestalt eines dressirten ~~Hühner~~
Hühnes erhält, setze ihn in eine starke Bräise
und wenn er angerichtet wird, gebe eine
Trüffelsauce darunter.

Die Darstellung zeigt einen jungen Sonntagsjäger,
der auf den Hasen geschosssen und den der Rückstoß
des Gewehrs zu einem Purzelbaum gezwungen hat.
Dem Hasen ist es nicht besser ergangen.
Er ist, offenbar getroffen, auf den Kopf gepurzelt, –
ein „gestürzter Has".
Auch das Wort „Lampe" = Meister Lampe = der Hase
steht auf dem Kopf.

---

aufdressieren = aufbinden

dressieren = mit der Dressiernadel befestigen

Farce = ein Gemisch aus gehacktem Fleisch, Fisch mit Brot, Kräutern, Eiern usw., womit Geflügel, Wild, Fische oder Gemüse gefüllt werden

braise (braisière) = Bratpfanne

19.

Schwarz-Wild.

Das Bild zeigt Schwarzwild, ein Wildschwein mit einem Frischling. Die beiden Mönche lassen an die Bezeichnung der Wildschweine als „Schwarzkittel" denken, die auch auf Mönche angewandt wird, zumal wenn sie es sich so wohlergehen lassen, wie hier dargestellt.

Schwarz-Wild.

Trilli! Trilli! Trilli!

20.

Leipziger Lerchen.

—

Gebackene.

—

Man stecke die Lerchen, wenn sie gehörig gesäubert und ausgenommen worden sind, an einen kleinen eisernen Spies, und lege allemal zwischen zwei Lerchen ein Stückchen frischen Speck, bestreue sie mit Semmelbröseln, Mehl, Ingwer, Pfeffer und Salz, welches alles gut untereinander gemischt worden sein muß, beträufle sie mit Butter, damit sie saftig bleiben, röste vor dem Anrichten noch Semmelbröseln in Butter schön gelb, und bestreue sie angerichtet damit.

Trilli! trilli! trilli!

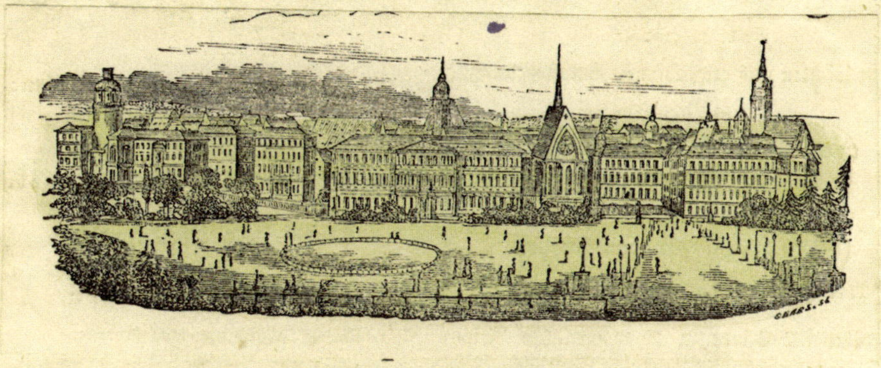

Leipziger Lerchen.

Gebraten.

Man steckt die Lerchen, wenn sie gehörig gesäubert und ausgenommen worden sind, an einen kleinen eisernen Spieß, und legt allemal zwischen zwei Lerchen ein Stückchen frischen Speck, bestreut sie mit Semmelbröseln, Mehl, Ingwer, Pfeffer und Salz, welches alles gut untereinander gemischt worden sein muß, beträufelt sie mit Butter, damit sie saftig bleiben, röstet vor dem Anrichten noch Semmelbröseln in Butter schön gelb, und bestreut sie angerichtet damit.

Der Holzstich von Alois Saars aus dem Jahr 1856 zeigt den Augustusplatz in Leipzig mit der Paulinerkirche (Universitätskirche) und dem mächtigen Bau der Universität, rechts im Hintergrund den Turm der Nikolaikirche. Spitzweg hat über die Ansicht mit Feder/Tinte Vögel im Flug kürzelhaft gezeichnet, denen ist die Trilli-Zeile zugeordnet: Leipziger Lerchen.

Heute erkennt man den Platz nicht wieder. Das Universitätshochhaus und der Neubau für das Gewandhausorchester bestimmen brutal die negative Wirkung des Platzes, den eine vierspurige Straße begrenzt. Die Universitätskirche wurde am 30. Mai 1968 gesprengt.

21.

Lindauer – Schüblinge

nichts weniger als verächtlich, man hat
sie überall zum Fressen gern!

Auszug aus der Stadt Lindau.

Lindauer – Schüblinge

nichts weniger als verächtlich, man hat sie überall zum Fressen gern!

—

„Der Schübling (Bodensee) eine Art Wurst aus gehacktem
Rind- und Schweinefleisch (wol vom Schicken in den Darm)..."[1] –
Mit der Darstellung, die schweizer (?) Soldaten zeigt,
welche Gelehrte oder Abgeordnete abführen,
erinnert Spitzweg an eine andere Bedeutung des Wortes:
„Schüblinge – Schub.... in der Sprache der Polizei
besonders Wegschaffung liederlichen Gesindels....
Vagabunden auf den Schub bringen, durch Schub wegschaffen;
daß man... Volksvertreter auf den Schub in die Kammer brachte.."[2]

Auf welches Ereignis die Darstellung direkt Bezug nimmt,
welcher „Auszug aus der Stadt Lindau" – das Wappen der Stadt mit dem Lindenbaum
weist unzweifelhaft auf den Ort – gemeint ist, bleibt Vermutung.
Vielleicht handelt es sich um ein Ereignis aus dem Jahre 1866.
Damals zog der Lindauer Liederkranz unter Führung des Advokaten Beckh
ins preußische Achberg nördlich von Lindau, um die Enklave für Bayern zu erobern,
ein Unternehmen, das tatsächlich gelang.
Doch hatte es ein gerichtliches Nachspiel.
Der Advokat jedenfalls musste Lindau verlassen und verzog nach Nürnberg,
(freundliche Mitteilung von Herrn Werner Dobras, Stadtarchiv
Lindau).

---

1) Siehe: Johann Andreas Schmeller: Bayerisches Wörterbuch 1872-1877,
Neudruck München 1985, Bd. II, 1, Sp. 361

2) Siehe: Moriz Heyne: Deutsches Wörterbuch, Leipzig 1890/1895, 3. Bd. S. 482

22.

Schweizer Landjäger.

Für Kenner eine ausgezeichnete Wurst=
Gattung – auch im Auslande vortheilhaft
bekannt.
Die ziemlich verbreitete Meinung, daß
der Hauptbestandtheil derselben aus Stein=
bockfleisch und Murmelthier Speck bestehe,
oder aus Fleisch von durch Sturz verunglückten
Engländern und sonstigen Touristen – oder
gar von erschossenen Landvögten, gehört
wohl ins Reich der Märchen.

Schweizer Landjäger.

Ist immer eine ausgezeichnete Wurst-Gattung – auch im Auslande vortheilhaft bekannt.
Die ziemlich verbreitete Meinung, daß der Hauptbestandtheil derselben aus Steinbockfleisch und Murmelthierspeck bestehe, oder aus Fleisch von durch Sturz verunglückten Engländern und sonstigen Touristen – oder gar von erschossenen Landjägern, gehört wohl ins Reich der Märchen.

Die aus drei verschiedenen Holzstichreproduktionen zusammengefügte Dartellung
zeigt einen Sonntagsjäger, der, hinter einem mit Würsten dekorativ
geschmückten Baum versteckt, eine Sennerin beobachtet,
die vor einem Gehöft im Staubbachtal steht. – Das alte Thema Spitzwegs,
Jäger mit Sennerin, klingt hier in einer sonst nicht im Werk vorkommenden Version an.

Auf „verunglückte Engländer und sonstige Touristen"
oder auf „erschossene Landvögte" – ein Hinweis auf die Gestalt Wilhelm Tells –
nimmt das Bild allerdings keinen Bezug.
Intelligent jedenfalls sieht der„Schweizer Landjäger" nicht aus.

Wie bei den „Lindauer Schüblingen" gibt Spitzweg hier kein Rezept,
sondern erläutert mit einigem Hintersinn die Benennungen von Würsten,
– vom „Hamburger" wusste er noch nichts.

23.

Marmelade von Erdbeeren.

Hier gilt dasselbe wie bei der Bereitung
der Kirschenmarmelade. Siehe diese.

Der marmorierte Hintergrund spielt an auf Marmor-Marmelstein-Marmelade.
Künstlerisch ist durch das marmorierte Vorsatzpapier,
das unmittelbar auf den schwarz marmorierten Papierstreifen stößt,
ein merkwürdiger Raumeindruck entstanden.
Einerseits scheint der Krug mit den Erdbeeren auf dem schwarzen Streifen
als auf einer Art Tischplatte vor dem hellen Hintergrund zu stehen.
Andererseits kippt der schwarze Streifen weg und der Krug schwebt
sozusagen zwischen Himmel und Erde. –
Auch hier illustriert der Künstler den Namen 'Marmelade',
ohne Anweisungen für deren Herstellung zu geben.

Marmelade von Erdbeeren.

Hier gilt dasselbe wie bei der Bereitung der Kirschenmarmelade. Siehe diese.

24.

Marmelade von Kirschen.

wird genau so bereitet wie die Erdbeeren - Marmelade: nur mit dem Unterschied, daß anstatt der Erdbeeren Kirschen genommen werden, was wohl zu beachten.

Die Spanschachtel mit Kirschen vor marmoriertem Hintergrund (Marmelstein) illustriert auf liebenswürdige Weise den auf den ersten Blick harmlos-lustigen, auf den zweiten surreal-hintergründigen Text.
Der Krug schwebt vor oder in dem grün-weiß marmorierten hellen Grund, der braune Streifen oben wirkt wie ein verschlossenes Fenster.

Marmelade von Kirschen.

wird ganz so bereitet wie die Erdbeeren-Marmelade: nur mit dem Unterschied, daß anstatt der Erdbeeren Kirschen genommen werden, was wohl zu beachten.

25.

Waffeln

à la Camerun, Congo und New Guinea.

—

werden gerade so gemacht wie die Holländischen Waffeln, nur müssen die Waffeleisen auf einer Seite nach unten hin etwas ausgeweitet werden, damit das südafrikanisches Waffel=Artige recht deutlich zum Ausdruck kommt.

Waffeln

à la Camerun, Congo und New Guinea.

werden gerade so gemacht wie die holländischen Waffeln, nur müssen die Waffeleisen auf einer Seite nach unten hin etwas ausgeweitet werden, damit das südafrikanische Waffel-Artige recht deutlich zum Ausdruck kommt.

Die drei Büsten, die der Betrachter wohl nach dem Willen des Künstlers
für Bildnisse von Eingeborenen aus „Camerun", aus dem „Congo"
und aus „New Guinea" halten soll, zeigen,
warum die „Waffeln a la Camerun, Congo und New Guinea"
im Gegensatz zu den holländischen Waffeln
„auf einer Seite nach unten hin etwas ausweitet werden" müssen.
Denn die Lippen sind viel dicker, die Münder viel größer als bei den Europäern, –
Spitzweg hat das durch seine Überarbeitungen sinnfällig gemacht.
Die Waffeln müssen also mehr Teig als üblich enthalten,
sie müssen kompakter sein. – Auch die Bedeutung mag hineinspielen:
die großen Münder ähneln Waffeleisen.
Wir können heute über solche naiven, dennoch diskriminierenden Anspielungen
nicht mehr so recht lachen.
Der Künstler musste die gedruckten Vorbilder manipulieren,
um die Wirkungen zu erzielen, die er für erstrebenswert hielt.

26.

Jäger=Schnitten.

—

280 gramm gestossener Zucker wird mit 8 ganzen
Eiern recht flaumig gerührt, 280 gramm Mehl, 70 gramm
geschälte fein länglich geschnittene Mandeln und ein
wenig Anis darunter gerührt, dann in eine mit
Butter gefüllte länglichte Form gefüllt und in
einem abgekühlten ofen gebacken. Gestürzt und
ausgekühlt schneidet man ~~man~~ 2 messerrücken=
dicke Schnitten, welche man im Ofen oder auf
einem Roste bähen kann, die sehr gut zum
Kaffe, Thee, oder Wein sind.

Jäger-Schnitten.

280 gramm gestoßenen Zucker wird mit 8 ganzen Eiern recht flaumig gerührt, 280 gram Mehl, 70 gram geschälten fein länglich geschnittenen Mandeln und ein wenig Anis darunter gerührt, dann in eine mit Butter gefetteten länglichen Form gefüllt und in einem abgekühlten Ofen gebacken. Gestürzt und ausgekühlt, schneidet man ~~man~~ 2 messerrücken-dicke Schnitten, welche man im Ofen oder auf einem Roste bähen kann, die sehr gut zum Kaffee, Thee, oder Wein sind.

Die Bildausschnitte zeigen von links nach rechts einen frierenden Jäger
und einen Treiber vor der von ihnen erlegten „Strecke“, einen Jäger-Hasen,
der, von der Pirsch zurück, einen am Baumstrunk-Tisch sitzenden,
zudem rauchenden Hasen (- seine Häsin?) begrüßt. Dazu auf einem Holzstich-
Schnitzel, der auf einem vierten Ausschnitt geklebt ist,
einen Jägersmann, der unter einem Busch seine Brotzeit einnimmt,
das Gewehr vor seinen Füßen (hinter ihm ist ein Mann versteckt,
der im Begriff ist, ihm Speisen wegzunehmen).

Diesen Zusammenschnitt aus vier Darstellungen aus dem Jäger-Milieu
wird man als „Jäger-Schnitte“ bezeichnen können.

Der Jäger bei der Brotzeit rechts stammt im übrigen
aus dem „Münchner Bilderbogen.
Die Jagd in Bildern. Treibjagd III“ des Verlags Braun und Schneider, München.

---

bähen = aufbacken

27.

Bauch=Stecherln.

—

ähnlich wie Jäger=Schnitten

—

waren einst, vor vielen Jahren, hier in
München ein feiner Leckerbissen für Kinder
und bei der Gutl=Frau am Hofgarten
per Stück zu 1 Kreuzer zu haben.
Selige Erinnerung!

Bauch=Stecherln.

ähnlich wie Feigen=Schnitten

waren nicht, vor vielen Jahren, hier in München ein feiner Leckerbissen für Kinder und bei der Gutl=frau am Hofgarten per Stück zu 1 Kreuzer zu haben.

Selige Erinnerung!

Das Bauchstecherle, eine Nudelart mit spitzen Enden*,
ist wie die Jägerschnitte eine süße Leckerei für Kinder.
Die beiden duellierenden Kavaliere in Trachten des 17. Jahrhunderts
demonstrieren eine weniger freundliche Weise des Bauch-Stecherlns.

---

*„Das Bauchstecherlein, im Scherz, eine kleinere Art von Nudeln
(die man sonst eigentlich gedrähte, geschützte, klaine und am gewöhnlichsten Fingernudeln nennt)
wegen ihrer an beyden Enden spitzigen Gestalt"; s. Johann Andreas Schmeller:
Bayerisches Wörterbuch 1872-1877, Neudruck München 1985, Bd. 1, Sp. 195

28.

Löffel=Bisquit.

(Die kleinste Sorte nennt man auch Haarnadeln.)

$^1/_2$ Pd. Butter, 10 (16 ?) Eier, 14 Loth ganz feines Weizenmehl. Ist die Masse zusammengesetzt, drückt man sie durch einen Trichter in Brötchen auf Papier so daß die Form in der Mitte schmal, an den Enden aber sich etwa wie eine Achte (8) aus breite. Man bestaubt sie mit Zucker, u. backt sie in schwacher Hitze zu schön gelber Farbe.

Löffel-Bisquit

(Die kleinste Sorte nennt man auch Haarnadeln.)

1/2 ℔ Zucker, 10 Eier, 14 Loth ganz feines Waizenmehl. Ist die Masse zusammen gerührt, drückt man sie durch einen Trichter in Brötchen auf Papier so daß die Form in der Mitte schmal, an den Enden aber sich etwa wie eine Acht (8) ausbreite. Man bestreut sie mit Zucker, u. backt sie in schwacher Hitze zu schön gelber Farbe.

Die Abdrucke von zwei realen Löffelbisquits auf gelbem Tonpapier ersetzen die Collage. Die Unterschrift mit Feder/Tinte „Photographie nach der Natur“ verweist ironisch auf die neue, anfangs meist von gescheiterten Malern ausgeübte Abbildungstechnik, der damals vor allem die Künstler geist- und kunstlose Abbilderei der Natur nachsagten. Eine Fotografie wäre also nicht höher zu bewerten als ein Abdruck der realen Natur, hätte demnach nichts mit Kunst zu tun, – ein Irrtum, wie sich erwiesen hat.

29.

„a Schmarren!"

6 Semmeln werden klein geschnitten. Ein $^1/_2$ Schoppen Milch mit 3 ganzen Eiern abgesprudelt, über die Semmeln gegossen, einige Zeit lang stehen gelassen bis die Semmeln die Milch eingesogen haben; dann lässt man $^1/_4$ Pd Schmalz heiß werden u. gibt die geweichten Semmeln hinein. u. beendet es wie den Eierhaber: dann ist der Schmarren fertig.

„a Schmarren!"

6 Semmeln werden klein geschnitten. Ein 1/2 Schoppen Milch mit 3 ganzen Eiern abgesprudelt, über die Semmeln gegossen, einige Zeit lang stehen gelassen bis die Semmeln die Milch eingesogen haben; dann läßt man 1/4 ℔ Schmalz heiß werden u. gibt die geweichten Semmeln hinein. u. brandet ab wie den Eierhabern: dann ist der Schmarren fertig.

Zwei Mönche unterhalten sich. Der linke erzählt offenbar eine Geschichte über das Kloster,
auf das er weist. Der rechte gibt in Haltung und Gesichtsausdruck
zu erkennen, daß er diese für „a Schmarren" hält. Über den aufgeklebten runden Ausschnitt
aus dem unterlegten grünen Tonpapier mit dem quadratischen Fenster
kann man rätseln, was er bedeuten soll. Das gilt auch für die Art, wie das Holzstich-Bild
in symmetrischer ornamentaler Form ausgeschnitten
ist und ebenso für die Sternchen in den Ecken. Könnte es sein, daß Spitzweg
damit den Betrachter zu dem Ergebnis kommen lassen will:
so ein Schmarren?

Schmarren = sowohl bayerische Mehlspeise als auch verächtlich für „Blödsinn"
Eierhaber = zerstoßener Pfannkuchenteig, salzig oder süß, die bayerische Ausgabe des Kaiserschmarrens

30.

Mandel=Bögen.

(Ein herrliches Gericht, das schon die alten Griechen kannten vgl. „'aμνgδάλais βλόνδais“ Lucian. Obiges Bild stellt die arme Mutelina vor, die den erzürnten sie tödten wollenden Gott mit solchen Mandelbögen zu besänftigen sucht.)

—

Auf $^1/_2$ Pd feinstiftig geschnittene getrocknete Mandeln 12 Loth feiner Zucker, 2 Loth fein gehackter Orangenschale, 2 Loth Citronat u. der milde Schnee von 4 Eiweissen oder 3 ganze Eier. Wenn alles gut durcheinander gemischt ist, streicht man es einige Messerrückendick auf Blech, bestreut es mit gehackten Pistazien u. Zucker, backt es in schwacher Hitze, schneidet es in lang viereckige Stücke, u. biegt diese schnell, ehe sie erkalten über einer Walze in halben Bogen. So ässen sie die alten Griechen heutigen Tages noch.

Mandel-Bögen.

(Ein herrliches Gericht, das schon die alten Griechen kannten vgl. „ἀμυγδάλαις βλόνδαις" Lucian. Obiges Bild stellt die arme Mutelina vor, die den erzürnten sie tödten wollenden Gott mit solchen Mandelbögen zu beschwichtigen sucht.)

Auf 1/2 ℔ fein stiftig geschnittenen gebackenen Mandeln 12 Loth feinen Zucker, 2 Loth fein geschnittene Orangenschalen, 2 Loth Citronat u. den milden Schaum von 4 Eiweissen oder 3 ganzen Eier. Wenn alles gut durcheinander gemischt ist, streicht man es einige Messerrückendick auf Blech, bestreut es mit geschnittenen Pistazien u. Zucker, bäckt es in schwacher Hitze, schneidet es in lange viereckige Stücke, u. biegt dieselben schnell, ehe sie erkalten über eine Walze in halben Bogen. Das essen die alten Griechen heutigen Tags noch.

Die Abbildung geht auf ein römisch-kaiserzeitliches Relief zurück, das sich im Kapitolinischen Museum in Rom befindet. Thema der Darstellung, einem „Ausschnitt aus dem Basisfries, ist der Geburtsmythos von Zeus. Kronos als dem bisher mächtigsten Gott wird von der verschleierten Mutter Rea ein in Windeln gewickelter Stein überreicht, den er für den gefürchteten neugeborenen Sohn Zeus halten soll und den er verschlingen wird. Kronos ist in der Darstellung wie der römische Saturn mit verhülltem Haupt und mit der Sichel wiedergegeben, mit dem er in der römischen Religion auch gleichgesetzt wird." (Freundliche Mitteilung von Dr. Friederike Sinn, Würzburg). Spitzweg hat den bandagierten Stein so mit gelber Farbe übergangen, daß man ihn für ein Gebäck, eben einen Mandel=Bogen halten muß. Die angeblich auf Lucian zurückgehende Benennung der Rea als „Mutelina" ist indessen Erfindung des Künstlers. Der Hinweis auf des Dichters „'aμνgδάλais βλόνδais" (= aus Mandeln bereitetes Blondes) in fehlerhafter griechischer Schrift ist ebenfalls der Phantasie des Künstlers entsprungen. Hingegen kannte er offenbar den Mythos, da er auf den „tödten wollenden Gott" verweist, dessen Zorn er allerdings mit einigem Witz auf Mutter Rea-„Mutelina" bezieht.

αμúgδαλιvos = aus Mandeln bereitet

βλovδαιs =mit griechischen Buchstaben geschriebenes deutsches Wort „blond" bzw. „gelblich".

31.

König

im Schriftband über der Figur: Dem Verdienst seine Krone

Die Darstellung zeigt einen Jungen, der auf einem großen Pisspott sitzt. Verdienst: Die sorgfältige Zubereitung der Gerichte und ein herzhafter Appetit beim Essen; Krone: Die gute Verdauung.

König

II.
NACHWORT DES HERAUSGEBERS

Entstehung und Gestalt

Diese Sammlung von jetzt losen Blättern hat Carl Spitzweg für Caroline Spitzweg (1856-1911), genannt Line oder Lina, Tochter von Eduard Spitzweg, dem jüngeren Bruder des Künstlers, angelegt. Alles deutet darauf hin, dass die Blätter in einem Zuge geschaffen wurden, und zwar zu einem besonderen Ereignis. Denn der Arbeitsaufwand und der Witz der Gesamtkonzeption wie des einzelnen Blattes mit Text und Collage sind so gezielt eingesetzt, dass es sich nicht um sporadische Gelegenheitsarbeiten handeln kann.

Auch die durchgehend gleiche, nur in engem Rahmen in der Farbe variierte violette Tinte spricht entschieden für diese Annahme. Als Ereignis können nur Verlobung oder Hochzeit mit Major Karl Loreck in Frage kommen. Caroline wurde 1856 geboren. Sie wird, als sie sich verlobte, bzw. als sie heiratete 18 bis 22 Jahre alt gewesen sein. Das Kochbuch lässt sich also in die Jahre 1874 bis 1878, jedenfalls zwischen 1874 und 1880 zeitlich ansetzen. Da Spitzweg offenbar sicher war, dass seine Nichte die Anspielungen, die Wortspiele und versteckten Hinweise, auch die lustigen, verrückten, manchmal naiven Illustrationen und Texte verstehen würde, darf man vermuten, dass er zu seiner Nichte ein enges freundschaftliches und vertrauensvolles Verhältnis gehabt hat. Die Gebrauchsspuren weisen andererseits darauf hin, dass die Beschenkte mit den Rezepten und Anweisungen auch wirklich in ihrem Hausstand gearbeitet hat. Line muss Spitzweg also besonders lieb gewesen sein. Zu ihrer gut zehn Jahre älteren Schwester, Franziska (geb. 1845) wird er kein ähnlich enges Verhältnis aufgebaut haben, fiel deren Kindheit doch in seine Jahre der Reisen und der eigenen künstlerischen Entwicklung. Erst im Alter war er frei für eine solche Beziehung.

Die Sammlung ist jedoch nicht vollständig. Dafür spricht, dass Rezepte für Suppen und ebenso für Süßspeisen reichlich vorhanden sind. Es fehlen aber offensichtlich die auf Blatt Nr. 19 angekündigten „Schwarz=Wild"-Rezepte, desgleichen fehlen die fürs „Roth-Wild" (s. Nr. 17). Es findet sich kein Fischgericht, und nur eine Eierspeise (Nr. 13) und ein Geflügelrezept (Nr. 20) sind vorhanden. Auch zeigen die Hinweise für die

Zubereitung von Würsten (Nr. 21, 22) und Marmeladen (Nrn. 23, 24), dass die Sammlung in engerem Sinne nicht als Rezeptbuch gedacht war, sondern als eine Art Haushaltsbuch für die Küche mit Rezepten für Speis und Trank und mit Ratschlägen für das Wirtschaften in einem gutbürgerlichen Haus, – nicht ohne kommentierende Ironie.

Ursprünglich waren die Blätter wohl gebunden, denn fast alle sind zumeist links, manche rechts und andere ringsum beschnitten, so dass sich keine Spuren einstiger Bindung erhalten haben. Dem gemäß lässt sich auch die ursprüngliche Reihenfolge nicht mehr rekonstruieren. Sie war sicherlich vom Künstler en detail bedacht. Denn bei diesem Haushaltsbuch handelt es sich aller Wahrscheinlichkeit nach um ein sorgfältig komponiertes kleines Gesamtkunstwerk.

Hier sind die Rezepte und Anweisungen nach üblicher Speisenfolge geordnet: Getränke – Suppen – Saucen – Mehl- und Eierspeisen – Kalb und Rind – Wild – Geflügel – Würste – Marmeladen – Süßspeisen und Gebäck.

Spitzweg – ein Gourmet?

Im Allgemeinen gilt der Grundsatz, Junggesellen und Hagestolze seien Feinschmecker. Für Carl Spitzweg trifft das nur in eingeschränktem Maße zu. Auf seinen vielen Reisen hat Spitzweg in unzähligen Hotels und Gasthöfen logiert und wie alle Vielgereisten wird er gewusst haben, wo man gut und preiswert wohnen konnte. Als Spitzweg mit Eduard Schleich, seinem Malerfreund, im Jahre 1845 eine Reise an die Adria unternahm, schrieb er aus Ampezzo „Donnerstag, den 21. passierten wir den Brenner ohne sonderliches Abenteuer, und liessen uns Abends im Elephanten in Brixen ein billiges und gutes Gasthaus schmecken.“[1)] In den bisher veröffentlichten Briefen[2)] wird immer einmal wieder ein „guter Gasthof“ erwähnt, wobei Spitzweg immer darauf achtete, dass er preiswert war.

Oft wohnte er „privatim“, vor allem während längerer Aufenthalte. Das hatte für ihn den Vorteil, unbehindert von gesellschaftlichen Konventionen seinen Tageslauf selbst bestimmen zu können. Auch die kostengünstigen Mahlzeiten „in Pension“ wird er geschätzt haben. So meldet er in einem Brief vom 18. Oktober 1838 an den Bruder Eduard aus Ambach am Würmsee: „Hier bin ich gut aufgehoben und ganz eingewöhnt. Die alte Fischmeisterin besonders hält große Stücke auf mich und traktiert mich mit

Fischlein, die ich oft Euch hinwünsche, denn ich weiß sie nicht sonderlich zu schätzen z.B. Renken auf $^1/_2$ Pfund, und Fremden, die durchpassieren, macht sie oft weiß, es seyen keine Fische da, während ihr „Zoachna", das ist Zeichner, in Überfluß lebt."[3] Das klingt nicht nach einem Feinschmecker, ungeliebte Fische zu verspeisen, um das Gutaufgehobensein nicht auf's Spiel zu setzen; – diese stille Opferbereitschaft wird auch einen pekuniären Grund gehabt haben. Bei seinem zweiten Aufenthalt in Pommersfelden im August 1852 teilte er sogar sein Zimmer bei einem Glasermeister mit dem Maler Johann Baptist Berdellé, der ebenfalls in der Schönbornschen Gemäldegalerie kopierte.[4] In Benediktbeuren pflegte er bei Uhrmacher Rost zu logieren.[5] Es erweist sich wieder, der Künstler ging äußerst vorsichtig mit den Geldmitteln um, die ihm sein Vater vererbt hatte. Das bestätigt auch sein Vorgehen bei Bilderverkäufen, sich unter Umgehung der Steuergesetze den Geldbetrag bar auszahlen zu lassen.

Von gutem Essen, von verschwenderischen Tafelfreuden oder gar exeptionellen Genüssen berichtet der Künstler jedenfalls nicht. Man darf also wohl schließen, dass er gutbürgerliche Küche geschätzt hat, über die differenzierenden geschmacklichen Talente und hohen Ansprüche eines echten Gourmets aber keineswegs verfügte. Das bestätigen auch die Rezepte selbst im Koch- und Haushaltsbuch für Line. Sie sind weder raffiniert, noch ist die Zubreitung besonders schwierig. Auch sie halten sich im Rahmen normaler bürgerlicher Essensgewohnheiten.[6]

Doch war Spitzweg ein scharfer Beobachter mit untrüglichem Gespür für verfängliche, peinliche oder entlarvende Situationen. Aufschlussreich in dieser Hinsicht ist ein Brief vom 14. August 1855 aus Schliersee: „Unsere Abwechslung: regelmäßig Morgens der Kaffee im Wirtshause und die Zeitungen und Mittags eine table d'hôte, wo mehr gefressen als gegessen und mehr geschnattert als geredet wird. 3 alte Nürnberger Jungfern, eine hässlicher wie die andere, machen uns viel Spaß, aber auch viel Angst, denn wenn wir nicht recht vorsichtig sind und uns nicht gleich vorsehen beim Essen, so kommen wir zu kurz, weil jede Schüssel, die ihnen in die Hand fällt, leer zurückkommt. Sie denken wohl, „Mann kriegen wir doch keinen mehr, also wollen wir wenigstens sonst was genießen." Leider haben sie nicht 3 Augen, sonst würden sie nicht so schielen müssen, da sie jetzt jede mit dem einen Auge den Teller des Nachbarn zur Linken und mit dem andern den des zur Rechten, abwechselnd mit ihrem eigenen Teller überblicken müssen. Eine Schielerey gäb's dann zwar auch..."[7]

– Er war nicht nur ein guter Beobachter, sondern ein geistreicher Unterhalter. Der schleswig-holsteinische Maler Charles Roß begegnete ihm wohl 1853 oder 1854: „Charles Umgang in Murnau bestand in den Malern Spitzweg, Körner und ihren Familien. Spitzwegs immer sprudelnder trockener Humor machte uns viel Erheiterung. Dieser große Künstler und wahrhaftige Poet ist einer der hässlichsten Menschen, die auf Gottes Erdboden verbannt sind; aber seine große Gutmütigkeit und seine Heiterkeit machen alles wieder gut. Wohlhabend malt er ganz auf seine Weise; unbekümmert um die Kritik und Meinung der Menschen wählt er sich die Motive, die ihn ansprechen..."[8)]

Jedenfalls war der neugierige und begeisterte Reisende Spitzweg ein gesellschaftlich versierter und amüsanter Reisebegleiter und andererseits ein Mensch, der sich auch gern zurückzog, um in selbstgewählter Einsamkeit zu zeichnen, zu malen, zu lesen und zu leben.

Die Collage-Technik

Die Rezepte und Anweisungen hat Spitzweg illustriert in dem er aus Zeitungen und Zeitschriften wie den „Fliegenden Blättern", dem „Bayerischen Landboten", dem „Bayerischen Punch" oder dem „Bayerischen Kurier und Münchner Fremdenblatt", auch aus Tageszeitungen bestimmte Darstellungen ausgeschnitten und zusammengeklebt hat. In der Regel hat er eine solche „Collage" noch zeichnerisch oder mit Farbe übergangen bzw. illuminiert.

Spitzweg ist nicht der erste, der die Collage-Technik verwendet hat, aber er ist einer der ersten Künstler, der diese sich im 18. Jahrhundert vorbereitende und im Biedermeier vielfach verwendete bildnerische Möglichkeit genutzt hat, – allerdings hier in seinem Koch- und Haushaltsbuch nur im privaten Bereich. Vorläufer waren die Briefmarkenbilder, die Haarbilder und die Klebealben für Mädchen mit Einklebe-Bildern der Biedermeierzeit, auch die collagierten Bilder auf Wandschirmen.[9)] Gerade letztere, in Bürgerhäusern gern genutzte Möglichkeit zur dekorativen Gestaltung eines Gebrauchsmöbels hat der dänische Dichter Hans Christian Andersen zu einem originellen Kunstwerk ausgearbeitet. Er erhielt einen Wandschirm geschenkt und beklebte dessen vier Flächen auf Vorder- und Rückseiten mit riesigen Papiercollagen, die einzelne Länder zum Thema hatten, also Dänemark – Deutschland (einschließlich Österreich und die

Schweiz) – Frankreich – England – den Orient – Schweden und Norwegen – noch einmal Dänemark und ein Feld „Kindheit". Diese eindrucksvollen Großcollagen entstanden 1873/74, also etwa zur gleichen Zeit wie Spitzwegs Kochbuch. Sie zielen aber auf Öffentlichkeit und enthalten demgemäß etwas Programmatisches[10]. – Dieser Vergleich macht deutlich, dass Andersens Arbeiten künstlerisch und entwicklungsgeschichtlich höher zu bewerten sind als Spitzwegs private liebenswürdige Collage-Illustrationen, die deshalb selbstverständlich nichts von ihrem Reiz einbüßen. Als „Vater der Collage" im modernen Sinne wird man also den Dichter Andersen bezeichnen müßen, und es ist kein Zufall, daß er bildkünstlerisch ein talentierter Dilettant gewesen ist.

Anläßlich der Eröffnung der Ausstellung des Spitzweg-Bestandes des Museums Georg Schäfer in Schweinfurt übereigneten die Eigentümer am 4. Mai 2002 das von ihnen erworbene „Kochbuch für Line" der Sammlung-Dr.-Georg-Schäfer-Stiftung und damit dem Museum.[11]

1) W. Spitzweg: Der unbekannte Spitzweg, München 1958, S. 85. – Brief vom 28. August

2) Vgl. H. Uhde-Bernays: Carl Spitzweg. Des Meisters Werk und seine Bedeutung in der Geschichte der Münchner Kunst, München 1913 (- alle Auflagen bis zur letzten, 10. Auflage München 1935); – W. Spitzweg – wie Anm. 1; - M. Dirrigl: Carl Spitzweg, der Münchner Maler-Poet. München-Wien 1969; - S. Wichmann: Carl Spitzweg und die französischen Zeichner Daumier, Grandville, Gavarni, Doré. Ausst.-Kat. Haus der Kunst München, 1985/86, S. 13 ff.

3) W. Spitzweg – wie Anm. 1 -, S. 78

4) Siehe Wichmann 1985 – wie Anm. 2 – S. 31

5) Siehe Uhde-Bernays – wie Anm. 2 – 8. Aufl. 1922, S. 131, 142

6) Siegfried Wichmann: Die Leibgerichte ... München 1962, hält ihn dagegen für einen Gourmet. Die in Wichmanns Text zitierten „Tagebücher in Münchner Privatbesitz" waren mir nicht zugänglich.

7) Vgl. W. Spitzweg – wie Anm. 1 – S. 99. – Spitzweg hielt sich im Schlierseer Gasthof zusammen mit den Malern Johann Baptist Körner und Friedrich Simon auf.

8) Helene Ross, geb. Abendroth: Erinnerungen an den Maler Charles Roß, aufgeschrieben von seiner Frau... im Jahre 1858, Manuskript, Abschrift (Maschinenschrift) in der Kunsthalle zu Kiel, S. 212. – Körner: der Maler Alexander Körner,(geb. 1815?).

9) Siehe Herta Wescher: Die Collage. Geschichte eines künstlerischen Ausdrucksmittels. Köln 1968

10) Kjeld Heltoft: Hans Christian Andersen als bildender Künstler, Kopenhagen 1969, S. 106 ff., dort der gesamte Wandschirm abgebildet (Klapptafel).

11) Für Hinweise und freundliche Hilfe danke ich Werner Dobras, Lindau, Dr. Johann Schlick, Kiel und Dr. Friederike Sinn, Würzburg; für's Mitlesen und Mitdenken meinen Freunden Ami und Bruno Bushart, Augsburg.

III.
VERZEICHNIS DER BLÄTTER

31 Blätter, handschriftlich Feder /Tinte, dazu collagierte Darstellungen, teilweise koloriert. Gelbliches, z.T. vergilbtes Kanzleipapier, teilweise mit Gebrauchsspuren. einige Blätter (Nrn. 3, 6, 7, 13, 17, 24) haben ein Wasserzeichen in Form einer Initiale. Beiliegend eine Abschrift (Feder/Tinte) des Rezeptes „Suhr=Fleisch“ (Nr. 14) von fremder Hand. Die Maße der Blätter betragen zwischen 212/222 x 152/158 mm
Inv. Nrn.: MGS 188B - 1 bis 31
Museum Georg Schäfer, Schweinfurt

Ausstellungen: Kat. München 1967, Nr. 235, 1-30; - Kat. München 1985, Nrn. 430 – 459, Abb. S. 168, 169, 171, Farbabb. S. 270, 272 und 273.

Literatur: Siegfried Wichmann: Die Leibgerichte des weiland Apothekers und Malerpoeten Carl Spitzweg von ihm eigenhändig aufgeschrieben und illustriert. Entdeckt und herausgegeben von – , München 1962 (dort sämtliche Blätter farbig abgebildet). – Jens Christian Jensen: Carl Spitzweg. Gemälde und Zeichnungen im Museum Georg Schäfer, Schweinfurt, Schweinfurt 2002, Nr. 285, 1-31 mit Abb. – Siegfried Wichmann: Carl Spitzweg. Verzeichnis der Werke. Gemälde und Aquarelle, Stuttgart 2002. Nr. 1623-1652

Erworben von den Eigentümern der Sammlung Georg Schäfer, Schweinfurt, auf der Auktion 239, Neumeister, München, 13. Mai 1987, Kat. Nr. 853, Umschlagbild, Farbtaf. 17, Abb. Taf. 1. (Aus der Familie von Caroline, geb. Spitzweg, und Major i.R. Karl Lorreck und deren Nachkommen).

1 Hypocras (Gewürzwein)

Collagierte Darstellung: Ausschnitt eines Kücheninterieurs, Holzstich aus einer Zeitung (rückseitig mit Schriftzeilen bedruckt). Hineingeklebt Ausschnitt mit zwei Figuren (Holzstich). Figuren mit Feder/Tusche stellenweise übergangen, Gesichter mit Pinsel/rosa Deckfarben getönt. – Text mit Feder/Tinte (blau-violett).

Blatt mit unregelmäßigen Schöpfrändern, rechter Rand beschnitten. An der linken oberen Blattecke mehrere gelbliche Gebrauchsspuren, ebenso am unteren Blattrand zwei braune Flecken.

Collage: 73 x 54 mm
Inv. Nr.: MGS 188-B, 1

2 Bischof (Gewürzwein)

Colalgierte Darstellung: Ausschnitt Interieur mit Bischoffigur, Holzstich aus einer Zeitung (rückseitig mit Schriftzeilen bedruckt). Die Kelchform mit weißem Papier aufgeklebt. Der Hintergrund, in dem sich die Figur eines Teufels befindet, an den sich ein junges Mädchen anschmiegt, ist mit Pinsel/Tusche geschwärzt. Kelch mit Deckweiß und roter Aquarellfarbe. Mitra mit Deckweiß und Tusche, Gesicht rötlich koloriert. – Text mit Feder/Tinte (schwarz-blau).
Blatt mit unregelmäßigen Schöpfrändern. Am unteren Rand breite braune Flecken.

Collage: 109 x 82 mm
Inv. Nr. MGS 188-B, 2

3 Ein Säugling wird gefüttert

Collagierte Darstellung: Ausschnitt Vignette im Tondo mit Rahmung auf grünem Tonpapier; obere Rahmenleiste gesondert aufgeklebt, Holzstich. Mund und Wangen des Säuglings mit Feder/Tusche markiert. Flecken auf der Wickelung über der Brust in Deckweiß (oxydiert). – Kein Text.

Blattränder links und oben unregelmäßig beschnitten.
Wasserzeichen.
(bei Wichmann nicht aufgeführrt)

Collage: 53 x 54 mm
Inv. Nr.: MGS 188-B, 3

4 Wurzelsuppe

Collagierte Darstellung: Im Meer treibt eine Mutter mit ihrem Kind. Der Holzstich ist aus einer Zeitung (rückseitig mit Schriftzeichen bedruckt) ausgeschnitten. Mit Feder/Pinsel in Dunkelbraun sind die Figuren stark übergangen, rechts oben ist Gezweig hinzugefügt, das Gesicht der Frau, ebenso der Kopf des Kindes sind mit Papier überklebt. – Text mit Feder/Tinte (blau-violett).

Blattrand links beschnitten, sonst unregelmäßige Schöpfränder. Wasserflecken und gelbliche Flecken im Schriftbild.

Collage: 113 x 156 mm
Inv. Nr.: MGS 188-B, 4

5 **Olla potrida**

Collagierte Darstellung: Der Holzstich mit den beiden Frauen ist aus einer Zeitung ausgeschnitten (rückseitig mit Schriftzeichen bedruckt). Tisch, Speisen und Wild stammen aus einer anderen Holzstichillustration ebenso wie die Gefäße an der Basis. Aus dem Mund des Elfenwesens rechts unterhalb der Balustrade quillt eine sich nach oben ausweitende, aus drei Teilen zusammengesetzte Blase, in der sich die Silhouetten von Schweinen, Gänsen, Enten und Hühnern tummeln, dazu gebratene Hühner, Schinken und Weinflaschen (Holzstich), ein Hinweis auf die vielfältigen Zutaten der Ollia. Mit Pinsel/rötlicher Aquarellfarbe koloriert. – Text auf Vorder- und Rückseite mit Feder/Tinte (blau-violett).

Blatt mit unregelmäßigen Schöpfrändern, linker Rand beschnitten; leichte Vergilbungen.

Collage: 109 x 133 mm
Inv. Nr.: MGS 188-B, 5

6 **Schüh oder braune Kraftbrühe**

Collagierte Darstellung: Je zwei Schuhe sind paarweise ausgeschnitten aus einer Zeitung (Holzstiche, rückseitig mit Schriftzeilen bedruckt). Über jedem Schuh sind zwei Anführungszeichen bzw. Kommata ausgeschnitten und aufgeklebt. Text mit Feder/Tinte (blau-violett).

Blatt mit unregelmäßigen Schöpfrändern, rechter Rand beschnitten. Wasserzeichen.

Collagen: je 32 x 67 mm
Inv. Nr.: MGS 188-B, 6

7 **Künstliche Schildkrötensuppe**

Collagierte Darstellung: Aus Bilderbögen sind augeschnitten ein Schaf, eine Baumgruppe (Holzstich), zwei Fische (Lithographie, ineinandergefügt), ein halbierter Fisch, aus dem ein Kalbkopf herauswächst (Lithographie). Das Waldstück erscheint als Busch, verdeutlicht mit Pinsel/grüner Aquarellfarbe. Die drei Bildteile sind in Gelb-, Rot- und Grüntönen koloriert. – Text auf Vorder- und Rückseite mit Feder/Tinte (blau-violett).

Blatt mit unregelmäßigen Schöpfrändern, rechter Rand beschnitten, dort unterhalb der Mitte Farbklecks in Blau; am unteren Rand braune Flecken. Wasserzeichen.

Collage: ca. 98 x 114 mm
Inv. Nr.: MGS 188-B, 7

8 **Kaltschale**

Collagierte Darstellung: Ausschnitt einer Gletscherlandschaft aus einer Zeitung (Holzstich rückseitig mit Schriftzeilen bedrduckt), in die rechte untere Ecke ist eine Prunkschale (Holzstich, aus einem Musterbuch) auf die Landschaft geklebt. Schale violett mit Pinsel/Aquarellfarbe koloriert. – Text mit Feder/Tinte (blau-violett).

Blatt mit unregelmäßigen Schöpfrändern, rechter Rand beschnitten. Rechter und linker Blattrand angegilbt, einige gelbliche Griffspuren.

Collage: 99 x 122 mm
Inv. Nr.: MGS 188-B, 8

9 **Einbrennet´s, auch Mehlschwitze**

Collagierte Darstellung: Das Bild mit drei Figuren ist ein Ausschnitt aus einer Zeitung (Holzstich, rückseitig mit Schriftzeilen bedruckt). Unter dem Plätteisen ist ein Teilchen mit Pinsel/roter Deckfarbe markiert, davon ausgehend mit Pinsel/Deckweiß und brauner Tusche aufsteigender Rauch. – Text mit Feder/Tinte (blau-violett).

Blatt mit unregelmäßigen Schöpfrändern, links und rechts beschnitten.

Collage: 76 x 88 mm
Inv. Nr.: MGS 188-B, 9

10 **Dem Herrn Doctor Trautner seine Leib=Speise**

Collagierte Darstellung: Ausschnitt Karikatur aus einer Zeitung eines Männchens mit großem Kopf und Zipfelmütze (Holzstich, rückseitig bedruckt, dabei Darstellung eines Zimmermanns bei der Arbeit). – Text mit Feder/Tinte (blau-violett).

Blatt mit unregelmäßigen Schöpfrändern, rechter Rand beschnitten. Brauner Fleck am rechten Rand.

Collage: 53 x 58 mm
Inv. Nr.: MGS 188-B, 10

11 **Einlauf-Suppe**

Collagierte Darstellung: Vier Ausschnitte aus Zeitungen (rückseitig mit Schriftzeilen bedruckt), von links nach rechts: Zwei heranmarschierende Kinder, ein Mädchen und ein Junge (Holzstiche), bringen zwei große versiegelte Briefe zum „Briefkasten" (Holzstich auf gelblichem Papier), in den ein Putto Briefe hineinsteckt, dazu rechts eine Gruppe von drei Herren, einer Frau und drei Kopfandeutungen (Stahlstich), die zum Briefkasten blicken. Die beiden Briefumschläge mit weißem Papier über die Kindergesichter geklebt, ebenso der Briefumschlag rechts auf dem Briefkasten. Umrisse der Kinder mit Feder/Tusche verstärkt, Briefumschläge mit Feder/Tusche umrandet und markiert, Siegelpunkte mit Pinsel/roter Deckfarbe bezeichnet. Mit Pinsel/grauer Tusche sind Arme und Hände der Kinder über die Briefumschläge gemalt, ebenso das Buch auf der Tischfläche rechts unten. – Text mit Feder/Tinte (schwarz-violett).

Blatt mit unregelmäßigen Schöpfrändern, Ränder links und rechts beschnitten. Bräunliche Gebrauchsspuren.

Collage: ca. 65 x 132 mm
Inv. Nr.: MGS 188-B, 11

12 **Gries-Knödl**

Collagierte Darstellung: Ausschnitt Tisch mit Suppenterrine und Untersatz mit Gemüse etc. vor Auflegeplatte (Holzstich, rückseitig mit Schriftzeilen bedruckt: „Fliegende Blätter No 118" und „1862"). In der Öffnung der Terrine sind vier Köpfe geklebt, zwei sind Ausschnitte aus Zeitungen, zwei sind aus weißem Papier, in die mit Feder/Tusche und Pinsel/Deckweiß Gesichter gezeichnet sind. Mit Pinsel/Deckweiß weiße Dampfspuren am Terrinenrand. Text mit Feder/Tinte (blau-violett).

Blatt mit unregelmäßigen Schöpfrändern, linker Rand beschnitten. Am unteren Rand bräunlicher Fleck.

Collage: 75 x 110 mm
Inv. Nr.: MGS 188-B, 12

13 **Des oeufs pochés. Eingeschlagene Eier.**

Collagierte Darstellung: Eine sog. Oblate, ein Farbprägedruck mit glänzender Oberfläche, zeigt drei Vogeleier zwischen Veilchen, Vergißmeinnicht, Federn und Wiesengrün. Mit Pinsel/Deckfarbe in Gelb und Gelb-Braun ist auslaufendes Eigelb dargestellt. Die Ausbrüche in den Eiern sind mit Pinsel/Deckfarben markiert. – Text mit Feder/Tinte (blau-violett, Nachtrag im Farbton dunkler).

Blatt mit unregelmäßigen Schöpfrändern, links und oben beschnitten. Vergilbung des rechten Blattrandes, dort in der Mitte Gebrauchsfleck. Wasserzeichen.

Oblate: 37 x 62 mm
Inv. Nr.: MGS 188-B, 13

14 **Suhr=Fleisch**

Collagierte Darstellung: Ausschnitte in grauem Papier aus Zeitungen bzw. einem Musterbuch, eine Wanduhr in historistischem Gehäuse (Holzstich, rückseitig mit Schriftzeilen bedruckt), dazu Ausschnitte eines großen gedruckten „S „ (rückseitig mit Schriftzeilen bedruckt) und des Wortes „Fleisch". – Text mit Feder/Tinte (blau-violett).

Blatt mit unregelmäßigen Schöpfrändern, Papier etwas stärker als die übrigen Blätter, links beschnitten

Collage: 56 x 153 mm
Inv. Nr.: MGS 188-B,14

15 **Tête de veau en Tortue (Kalbskopf nach Schildkröten-Art)**

Collagierte Darstellung: Tanzender Mann mit offenem Bierseidel in der Rechten (Feder Lithographie auf festem, hellbraunem Papier, - aus einem Bilderbogen?), darunter ein Streifen desselben Papiers geklebt mit der Aufschrift mit Feder/Tinte: „Le maître d'hôtel". Figur mit Pinsel/Aquarellfarben bunt koloriert. – Text mit Feder/Tinte (blau-violett).

Blatt mit unregelmäßigen Schöpfrändern und abgerundeten Ecken, linker Rand beschnitten. Gelbbräunliche Wasserflecken vom unteren Bildrand nach oben über den Text von links nach rechts verteilt. Am linken Bildrand unterhalb der Mitte kleiner Einriss, darüber graugrüner Fleck.

Collage: 102 x 70 mm
Inv. Nr.: MGS 188-B, 15

16 **Rohs-Bif**

Collagierte Darstellung: Ausschnitt Vorderteil eines Pferdes, das auf einer Wiese steht (Stahlstich, aus einem Bilderbogen), daran rechts angefügt das Hinterteil einer Kuh mit Landschaftsausschnitt (Holzstich, aus einem Bilderbogen), der zum unteren Bildrand hin mit Pinsel/grauer Tusche ergänzt ist. Tier und Landschaft mit Pinsel/Aquarellfarben koloriert. – Text mit Feder/Tinte (blau-violett).

Blatt mit unregelmäßigen Schöpfrändern, Ränder links und rechts beschnitten. Vorderseite des Blattes stark verblichen, am linken Rand in der Mitte Fleck in Blau.

Collage: 82 x 81 mm
Inv. Nr.: MGS 188-B, 16

17 **Roth-Wild**

Collagierte Darstellung: Drei Ausschnitte aus Zeitungen (rückseitig mit Schriftzeichen bedruckt): Die beiden Figuren und der Hase mit dem Früchtekorb, dazu zwei Ausschnitte aus Bilderbögen: Die beiden Rehe. Die rote Fahne – Pinsel/Aquarellfarbe über Bleistift – ist hinzugefügt, die zusammengesetzte Gruppe mit Pinsel/rötlichen Aquarellfarben koloriert. – Text mit Feder/Tinte (schwarz-violett).

Blatt mit unregelmäßigen Schöpfrändern, linker Rand beschnitten. Am rechten Rand unten bläuliche Gebrauchsspuren. Wasserzeichen.

Collage: 99 x 101 mm
Inv. Nr.: MGS 188-B, 17

18 **Gestürzter Has**

Collagierte Darstellung: Ausschnitt aus einer Zeitung (Holzstich rückseitig mit Schriftzeilen bedruckt), dazu das aus einer Zeitung ausgeschnittene unter die Darstellung geklebte Wort „Lampe", auf dem Kopf stehend. – Text auf Vorder- und Rückseite mit Feder/Tinte (blau-violett).

Blatt mit unregelmäßigen Schöpfrändern, rechter und linker Rand beschnitten.

Collage: 100 x 88 mm
Inv. Nr.: MGS 188-B, 18

19 **Schwarz=Wild**

Collagierte Darstellung: Ausschnitte der beiden Mönchen aus verschiedenen Zeitungen (rückseitig mit Schriftzeilen bedruckt), der sitzende Trinker links (Stahlstich), der stehende Mönch rechts (Holzstich). Das Wildschweinbild aus einem Bilderbogen ist der Gruppe eingefügt (Federlithographie). Die Gesamtdarstellung ist mit Pinsel/Tusche übergangen, wobei die beiden Figuren dunkler angelegt sind als die Wildschweine auf hellbraunem Papier, dazu Schraffuren mit Feder/Tinte. – Text mit Feder/Tinte (blau-violett).

Blatt bis auf den unteren Schöpfrand ringsum beschnitten. Rechts von der Collage bläuliche Wasserflecken, am unteren Rand rechts brauner Fleck.

Collage: 82 x 95 mm
Inv. Nr.: MGS 188-B, 19

20 **Leipziger Lerchen**

Collagierte Darstellung: Die Ansicht des Leipziger Augustusplatzes, ein Holzstich, ist aus einer Zeitung ausgeschnitten (rückseitig Buchanzeigen) und mit Pinsel/Aquarellfarbe koloriert. Darüber die Vögelsignaturen mit Feder/Tinte. – Text mit Feder/Tinte (blau-violett).

Blatt mit unregelmäßigen Schöpfrändern, linker Rand beschnitten, breiter brauner Fleck am unteren Bildrand.

Collage: 46 x 115 mm
Inv. Nr.: MGS 188-B, 20

21 **Lindauer Schüblinge**

Collagierte Darstellung: Ausschnitte Lindauer Wappen, die durch Militär abgeführten Herren im Zylinder (Abgeordnete?) und die Schriftzeile aus Zeitungen (Federlithographie und Stahlstich, rückseitig mit Schriftzeilen bedruckt). – Text mit Feder/Tinte (schwarz-violett).

Blatt mit unregelmäßigen Schöpfrändern, linker Rand beschnitten.

Collage: ca. 141 x 142 mm
Inv. Nr.: MGS 188-B, 21

22 **Schweizer Landjäger**

Collagierte Darstellung: Ausschnitte Jäger am Baum aus Zeitung (Holzstich, rückseitig mit Schriftzeilen bedruckt), Ansicht „Der Staubbach" (Lithographie) auf grauem Tonpapier, dazu drei Würste aus einer anderen Vorlage geklebt und Blättchen grün eingefärbt. Würste mit Pinsel/Aquarellfarbe in Braun koloriert. Der Baum ragt mit seinen ausgeschnittenen Ästen in die Landschaftsdarstellung, die Äste sind mit Feder/Tinte markiert und mit grauer Tusche teilweise übergangen. – Text mit Feder/Tinte (blau-violett).

Blatt bis auf den unteren Schöpfrand ringsum beschnitten. Am unteren Rand bräunliche Gebrauchsflecken.

Collage: 66 x 116 mm
Inv. Nr.: MGS 188-B, 22

23 **Marmelade von Erdbeeren**

Collagierte Darstellung: Der Steinkrug mit Erdbeeren ist ein Farbprägedruck mit glänzender Oberfläche, eine Oblate. Der Druck ist auf zwei marmorierte Vorsatzpapiere geklebt. – Text mit Feder/Tinte (schwarz-violett).

Blatt mit unregelmäßigen Schöpfrändern, linker und rechter Rand beschnitten. Im unteren Blattfeld ein blauer und ein bräunlicher Gebrauchsfleck.

Collage: 107 x 143 mm
Inv. Nr.: MGS 188-B, 23

24 **Marmelade von Kirschen**

Collagierte Darstellung: Der Spankorb mit den Kirschen ist ein Farbprägedruck mit glänzender Oberfläche. Der Druck ist auf ein marmoriertes helles Vorsatzpapier geklebt, dem gleichen wie auf Nr. 23; über dem Korb ein Streifen aus braun marmoriertem Vorsatzpapier. – Text mit Feder/Tinte (blau-violett).

Blatt mit unregelmäßigen Schöpfrändern, Ränder links und oben beschnitten. Am rechten Rand im oberen Blattdrittel geflickter Einriss.

Collage: 124 x 139 mm
Inv. Nr.: MGS 188-B, 24

25 **Waffeln**

Collagierte Darstellung: Der Ausschnitt im Oval aus einer Zeitung (Holzstich, rückseitig mit Schriftzeilen bedruckt) zeigt die Büsten von einem „Äthioper", einem „Kaukasier" und einem „Mongolen". Diese ursprünglichen gedruckten Benennungen auf den Schriftbändern unter den Büsten sind mit Tinte/Feder durchgestrichen und mit bloßen Augen nicht mehr zu entziffern. Spitzweg hat also die Bildnisse auf diese Weise umgedeutet. Mit Feder/Tinte bzw. mit Pinsel/grauer Tusche sind die Münder jeweils vergrößert, am auffälligsten beim Profilkopf links, dessen Lippen stark verdickt sind. – Text mit Feder/Tinte (schwarz-violett).

Blatt bis auf den unteren Schöpfrand beschnitten. Gebrauchsspuren, auf der Rückseite ziegelroter Farbfleck.

Collage: 73 x 114 mm
Inv. Nr.: MGS 188-B, 25

26 **Jäger=Schnitten**

Collagierte Darstellung: Drei Ausschnitte aus Zeitungen, zwei mit Jägern und Hasen (Holzstiche, rückseitig mit Anzeigen von Büchern bedruckt). In den dritten, einer Landschaft, ist ein weiterer Ausschnitt (aus hellgrauem Papier) mit einem seine Brotzeit genießenden Mann geklebt. Mit Pinsel/blauer Aquarellfarbe sind die Himmel der drei Ausschnitte koloriert; dadurch ist das Bild vereinheitlicht. – Text mit Feder/Tinte (blau-violett).

Blatt mit unregelmäßigen Schöpfrändern, links beschnitten

Collage: 81 x 131 mm
Inv. Nr.: MGS 188-B, 26

27 **Bauch-Stecherle**

Collagierte Darstellung: Ausschnitt einer Duellszene aus einer Zeitung (Stahlstich, rückseitig mit Schriftzeilen bedruckt). Mit Pinsel/Aquarellfarben ist die Kleidung der Duellanten teilweise koloriert. – Text mit Feder/Tinte (blau-violett).

Blatt bis auf den unteren Schöpfrand ringsum beschnitten. Im unteren Drittel des linken Blattrandes Einriss. Am unteren Rand Gebrauchsspuren in Hellbraun.

Collage: 103 x 93 mm
Inv. Nr.: MGS 188-B, 27

28 **Löffel=Bisquit**

Collagierte Darstellung: Abdrucke von zwei Löffelbisquits auf ockerfarbenem Tonpapier. – Text mit Feder/Tinte (blau-violett).

Blatt mit unregelmäßigen Schöpfrändern, Ränder oben und links beschnitten. Wenige Gebrauchsspuren.

Collage: 111 x 121 mm
Inv. Nr.: MGS 188-B, 28

29 **a Schmarren**

Collagierte Darstellung: Auf grünem Tonpapier ist ein Ausschnitt aus einer Zeitung (Holzstich, rückseitig mit Schriftzeilen bedruckt) mit der Darstellung zweier Mönche vor einer Landschaft geklebt. In Gürtelhöhe ist der linken Mönchsfigur ein kreisrunder, mit einer auf der Spitze stehenden quadratischen Öffnung versehener Aussschnitt aus dem gleichen Tonpaier aufgeklebt. Die quadratische Öffnung ist mit Feder/Tusche zahnradartig umrandet. Mit Feder/Tusche sind überdies in die Ecken des Tonpapiers je ein vier- bis sechszackiger Stern gezeichnet. – Text mit Feder/Tinte (schwarz-violett).

Blatt bis auf den unteren Rand ringsrum beschnitten, Einriß am linken Rand oben.
Collage: 110 x 152 mm
Inv. Nr.: MGS 188-B, 29

30 **Mandel=Bögen**

Collagierte Darstellung: Ausschnitt einer antiken Szene aus einer Zeitung (Holzstich, rückseitig mit Anzeigen von Büchern bedruckt). Mit Pinsel/brauner Aquarellfarbe ist der umwickelte Stein koloriert. – Text mit Feder/Tinte (blau-violett).

Blatt mit unregelmäßigen Schöpfrändern, Ränder links und rechts beschnitten, leichte Gebrauchsspuren.

Collage: 91 x 154 mm
Inv. Nr.: MGS 188-B, 30

31 **König**

Collagierte Darstellung: Aus verschiedenen Ausschnitten aus Zeitungen (Holzstiche, rückseitig mit Schriftzeilen bedruckt), zusammengesetzt: Die punktierten Bildränder, die Krone mit der Sentenz „Dem Verdienst seine Krone", der Junge mit dem Nachttopf; - der Vorhang stammt aus einer Bildvorlage (Holzstich) und ist mit Pinsel/roter Aquarellfarbe koloriert. – Unter die Darstellung ist das Wort „König" geklebt (Zeitungsausschnitt). – Kein Text.

Blatt mit unregelmäßigen Schöpfrändern, links und rechts beschnitten.
Collage: 55 x 73 mm
Inv. Nr.: MGS 188-B, 31

Verzeichnis der Bildausschnitte

Die Detailausschnitte aus Gemälden und Zeichnungen ausschließlich der Spitzweg-Sammlung im Museum Georg Schäfer in Schweinfurt möchten den Leser und Betrachter schlaglichtartig auf das Schaffen des Künstlers verweisen. Ziel ist es, die Collagen des Koch- und Haushaltsbuches nicht als isolierte private Nebenarbeiten zu verstehen sondern als aus dem Gesamtwerk herausgewachsenen und in ihm verankerten besonderen Aspekt. – Die Kat.-Nrn. verweisen auf das Katalogbuch Bestandskatalog Spitzweg des Schweinfurter Museums aus dem Jahre 2002 (G=Gemälde, Z=Zeichnung).

S. 58
Hühnerhof
Detail aus G.: „Die Schwalben (Telegraph)."
1870/75
Kat. Nr. 221

S. 62
Wanduhr
Detail aus G.: „Der Kaktusliebhaber." Um 1850
Kat. Nr. 102

S. 66
Mann mit Schnapsnase
Detail aus G.: „Mann mit Zylinder." Um 1840
Kat. Nr. 32

S. 70
Gansesser
Detail aus Z.: „Drei Szenen und zwei Figurenstudien mit Sprichwörtern." 1845/50
„Guter Ding braucht weile"
Kat. Nr. 70

S. 82
Vogel auf dem Fensterbrett
Detail aus G.: „Ein Besuch." Um 1850
Kat. Nr. 99

S. 86
Grenzpolizist
Detail aus G.: „Wo ist der Paß?" 1848/50
Kat. Nr. 87

S. 90
Jägersmann
Detail aus G.: „Dirndl und Jäger im Gebirge." Um 1870
Kat. Nr. 202

S. 98
Palme
Detail aus G.: „Der Naturforscher in den Tropen."
1835
Kat. Nr. 8

S. 102
Der Jäger
Detail aus Z.: „Jäger und Mädchen am Brunnen."
Um 1855/60
Kat. Nr. 148

S. 106
Das Bajonett
Detail aus G.: „ Bayerischer Soldat mit Raupenhelm." 1850/55
Kat. Nr. 109

S. 110
Kaffeetisch
Detail aus G.: „Der Kaktusfreund." Vor 1858
Kat. Nr. 161

S. 114
Eifernder Mönch
Detail aus G.: „Disputierende Mönche." 1858/60
Kat. Nr. 163

S. 118
Aphrodite
Detail aus G.: „Der Porträtmaler." 1852/55
Kat. Nr. 127

S. 122
Eine Pfeife wird gestopft
Detail aus G.: „Tiroler Mauthaus." 1855/60
Kat. Nr. 147

S. 128

Lesender

Z.: „Lesender Herr." Um 1855

Kat. Nr. 136

S.139

Zwei Figurenstudien

Detail aus Z.: „Zuschauer vor einer Theaterbühne".

Um 1860

Kat. Nr. 175

Eigene Rezepte

Eigene Rezepte

Eigene Rezepte

Eigene Rezepte